Círculo Rojo

PASEOS POR MADRID...
EN VERSO

Paseos por Madrid...
en verso

Gonzalo de Rato Leguina

Círculo Rojo
EDITORIAL

Primera edición: septiembre 2023

Depósito legal: AL 2059-2023
ISBN: 978-84-1189-726-6

Impresión y encuadernación: Editorial Círculo Rojo

© Del texto: Gonzalo de Rato Leguina
© Maquetación y diseño: Equipo de Editorial Círculo Rojo

Editorial Círculo Rojo
www.editorialcirculorojo.com
info@editorialcirculorojo.com

Impreso en España — Printed in Spain

A mis familiares, compañeros de bibliotecas y amigos, especialmente Gustavo, con quien recorrí parte de estas zonas que describo en verso, les dedico esta obrita.

Donde el autor cuenta cómo surgió este poemario

Una de mis aficiones es salir a pasear y tomar fotos de lo que me llama la atención, que en ocasiones comparto. En una ocasión mi prima María me preguntó que por qué no hacía un libro de viajes sobre Madrid, pero no lo veía claro. Pero me fui encontrando con más personas que me animaban a lo mismo. Por otro lado, me gusta escribir. Pero no me imaginaba escribiendo un libro de historia con sus respectivas fotografías. Así, la idea quedó aparcada.

Por primavera, durante mis paseos, acostumbraba a llevarme un cuaderno donde escribía las poesías que me inspiraba, como me sucedió después de pasear por el Cementerio de la Almudena, o por el Pinar de la Elipa. Así, fui haciéndome con una provisión de poemas. Otros los fui elaborando de mis recuerdos.

Elegí la poesía porque te permite jugar con las palabras. Cuando se presenta a la gente la poesía como forma de expresión, suelen asociarlo a *"texto raro y complicado de leer"*, *"escrito que nadie entiende"*, etc. Pero entonces, los textos de la Administración, muchos informes médicos o de determinados ámbitos especializados, serían también poesía, porque cumplen esas características: usan una jerga peculiar, son para un sector determinado con un conocimiento especial de una materia, utilizan referencias a leyes/procedimientos, etc. La poesía, además de jugar con las palabras, permite transmitir una emoción que impacte sobre el lector.

¿Y por qué elegí como destinos de Madrid sitios que no aparecen en las Guías de viaje, como Canillejas, Hortaleza, La Elipa, Fuente del Berro, etc.? Porque también tienen cosas bellas, que muchas veces no son conocidas. No descarto, si las musas me inspiran, sacar más adelante otro poemario sobre otras rutas de Madrid.

Vale.

RECORRIENDO MADRID

Arganzuela

La Estación de Atocha
A cualquier hora del día
permanecía su Mediodía
en la estación ferroviaria.
Con este nombre
se distingue
de la del Norte,
y su destino se dirige
a zona de Levante
y meridional.
Recibe nueva denominación,
haciendo, a la Virgen de Atocha, mención.
Sus instalaciones se adaptan
a métodos que avanzan...
Y nos sigue contando
cómo es un mundo que está cambiando.

Al Monumento del 11M

Amanecía,
como cualquier otro día.
Pero algunos no lo terminaron.

Viajaban en trenes
que ese día no llegaron:
Explosiones,
heridos,
Incertidumbres...

Era el comienzo de la mañana,
pero más sombría
que de la noche la tiniebla.
Ese día nos unió.

La Fábrica de Cervezas El Águila

Levantada con ladrillo,
metal,
vidrio,
para uso industrial.
Tus naves son amplias,
cercanas,
y con el tiempo,
conocieron el cambio.
Ahora alberga el Archivo Regional
y la Biblioteca Regional,
así como salas de exposición temporal.

Vistas del Cerro de los Ángeles

El Cerro de los Ángeles
está en el centro geográfico.

Pero puedes verlo
desde distintas partes:
En trenes
que salen de Atocha
a los Getafes,
al final de la calle Alfonso XII, en la lejanía,
en terrazas elevadas.

Como ves:
"todos los caminos..."

Barajas

Casco Histórico de Barajas
Antigua villa,
ves al sol a primera hora.
Tu castillo, antaño residencia,
luego, junto al búnker fortaleza,
viviendo la Guerra,
con la defensa.

Tu Plaza Mayor, lugar de reunión,
la ermita antigua, de oración,
muestran aspectos de socialización.

Tus zonas verdes tienen gran tradición
desde la Ilustración.
Esta moda continuó
en el tiempo
con mucho arbolado.

La cultura está presente
en la biblioteca Gloria Fuertes,
así como en el antiguo castillo,
hoy museo.

El Panteón de los Fernán Núñez

Lugar de descanso eterno
de este linaje,
situado junto al castillo
que les perteneció.

Sus vecinos están próximos,
en el actual cementerio,
lo que nos hace cercanos
ante nuestro común destino.

Por ello, lo más sensato
es aprovechar el tiempo,
dar lo mejor en cada momento,
y, en justicia, atender al prójimo
que pasa por nuestro lado.

Canillas

Pueblo de Canillas
Eras el más pequeño
de los pueblos
que a Madrid se incorporó.

Vemos vestigios de tu Historia:
la Ermita antigua,
la Calle Carretera de Canillas,
el Cementerio,
una mención a tu alcalde, en Sanchinarro,
en forma de plaza,
y un antiguo colegio.

En tu barrio se rodó
parte de *Dr. Zhivago*,
y en el parque Juan Pablo II
hay un olivo que donó el Papa Francisco.

Parque de Juan Pablo II

Parque formado en 2 partes,
Con zonas diferentes:
una nos muestra la historia de las plantas
y sus prácticas
en las sucesivas culturas.

En la otra vemos la abundancia
de la flora,
manifestada en especies
muy diferentes:
árboles,
arbustos,
plantas de jardines,
por citar unos pocos.

Canillejas

Casco Histórico de Canillejas
Antigua villa madrileña,
con su Ayuntamiento
y Parroquia,
Santa María la Blanca.

Hoy tu ensanchamiento
recoge otra tierra
bajo San Blas su denominación.

Tu parque,
antes de pueblo,
hoy de barrio,
junto al cementerio,
y plaza mayor del pueblo,
testigo de historias
y encuentros,
con la estatua de *"El Yiyo"*
vecino histórico.

Los almendros

de la Quinta de Torre Arias

Una poesía compara a Dios
con los almendros,
por lo pronto que florecen.

Estáis en una explanada
donde anunciáis
de la llegada de la primavera.
Con colores blanco
y rosa
tu yema brota
y surge un ramo
de vida
sobre un ramo oscuro.

Este es el anuncio de la primavera
Y del cambio de estación.

Por San Blas... en Canillejas

Ensanche de Canillejas,
en las partes meridionales
con abundantes parques:
El Paraíso, Antonio Palacios, Las Rosas,
son algunas florestas.

Las Musas
inspiran las letras
de la biblioteca Pública José Hierro
donde hay algún evento literario.

Tus bordes,
La M-40,
Avenida de Arcentales,
Los Hnos. García Noblejas, hacen de lindes.

Tu columna vertebral
Baja de Canillejas a Vicálvaro,
Las Musas tiene al lateral,
San Blas en el centro.

El Pardo

A la Fuente del Cristo del Pardo

"Loada seas, hermana agua",
cantó S. Francisco.
Este es el saludo que recibes del peregrino devoto,
del excursionista sediento,
que, ascendiendo la cuesta del Pardo,
llegan, finalmente, al Santuario del Pardo
donde les recibes con tu frescura
y todo tu simbolismo.

Tu agua lava el sudor del camino,
da fuerza al cansado,
quita la sed al sediento.

Y, como un manantial,
estás en lo alto del Pardo.

Fuente del Cristo
del Pardo

Hortaleza

A la Huerta de Hortaleza

Antigua huerta,
situada en una villa autónoma,
de ahí tu nombre.

La Puerta Antigua,
marcaba tu frontera.
Tu antiguo Silo
muestra su uso
del campo,
hoy en desuso.

Pero tal vez era un mundo
más próximo,
donde cada vecino
solía ser conocido,
algo que hoy es más raro,
y causa más desasosiego.

Tu huella se continúa
En edificios como la Parroquia,
El cementerio y la Ermita,
Y el Pinar del Rey.

La Puerta del Hostaliza

29

Moncloa

Por la ruta de Goya

Vemos ponerse el sol,
viendo a lo lejos la Casa de Campo
y el Manzanares.

A lo lejos, la Sierra.
No vemos las flores,
pese a su nombre,
la Florida,
pero sí el Panteón
de los fusilados,
representados por Goya
en *Los fusilamientos*
y los Jardines de Goya,
sordo que, sin oír,
plasmó el dolor.

Tu cuerpo se conserva en la Ermita
que conserva una de tus obras,
pero no tu cabeza.
¿Un símbolo de la universalidad de tu obra?

Salamanca

La Fuente del Berro

Tu agua viene del Abroñigal,
arroyo del Madrid oriental,
hoy olvidado,
bajo la M-30 enterrado,
pero tu agua perdura,
siendo origen de vida.

El parque por el que se te conoce,
contemporáneo a ti,
muestra tu agua
y la fuente,
con el antiguo escudo.

De ser una fuente de las afueras
de la ciudad,
hoy estás en un barrio con diversidad.

Sigue dando testimonio
de las sucesivas costumbres
que ves,
y en tu agua
se refresque
el futuro paseante

En el estanque del Parque
de la Fuente del Berro

Concierto de la vida:
El agua del estanque fluye,
los pájaros cantan,
cada cual según su especie.

No ves el barrio,
sino el arbolado,
las hojas se mecen.

En la Plaza de la América Española

Unes los Jardines de Sancho Dávila
con la Plaza de Ventas.

Cerca de ti está la Fuente del Berro.
Eres zona de aguas subterráneas,
el Abroñigal, hoy soterrado
por los cambios de la vida.

Eres foro
de irlandeses,
con la parroquia de San Patricio,
y de aficionados al mundo taurino.

Los actores de este teatro muestran
los actos:
Hubo una biblioteca,
y negocios que hoy no.

Un actor perdura,
el olivo,
¿perdurará en este mundo?

La Elipa

Desde el Pinar de la Elipa

El Pirulí:
emites las señales informativas
que reciben los hogares.

No estás en un punto aislado,
sino rodeado de carreteras,
calles,
caminos,
algunos subterráneos.

Nos acercamos a ti desde
tu tangente,
por vía perpendicular de acceso a Madrid,
o nos desvía una vía curva.

Conforme nos alejamos,
te vemos.

Paseo por el cementerio

de la Almudena

Recinto amurallado,
ajardinado,
con amplias zonas de paseo,
y silencioso.

Si te fijas con atención,
las familias
cuentan sus historias:
ves quiénes reciben visitas,
y quiénes, con más limitación.

Paseo por el cementerio de
la Almudena

Puedes desorientarte
y perderte,
la panorámica no advierte
de un gran contraste.

Pero puedes considerar
que la vida es bella,
el tiempo pasa,
y lo mejor es aprovechar
lo mejor de cada día,
para a los demás aportar
lo bueno de nuestra compañía.

Piense el lector
que nuestro tiempo
hay que darlo sin temor,
si queremos eludir el olvido
y ser recordados con amor.

Puente de Vallecas

Vistas del Cerro Tío Pío

La calle ascendiendo,
Conforme te diriges al
Parque del Cerro del Tío Pío
Por la calle Pío Felipe.

Las lomas te saludan:
antes zona de chabolas,
hoy un parque vivo
cuyo suave trazado, curvo,
es como la vida.

Desde la cima,
ves todo Madrid:
Desde el parque Tierno
Galván,
en la Arganzuela,
a las Cuatro Torres,
en Tetuán.
Zonas urbanas,
parques,
La Sierra...
El sol se pone,
así pasa el día en Madrid.

OTRAS VISTAS DE MADRID

Una ciudad subterránea: El Metro

Toda ciudad crece, o muere,
paulatinamente.
Así como vemos que Madrid creció,
tiene su espejo
en el subsuelo,
el Metro de Madrid.

Del primer trayecto,
de Cuatro Caminos al Centro,
hoy vemos todo un mundo
en crecimiento.

Y no es sólo el transporte.
Como urbe,
tiene su ámbito cultural:
puntos de bibliometro de acceso libre,
libros a la calle,
zonas expositivas de carácter plural,
y una red de museos bastante interesante,
con exposiciones in situ: los Caños del Peral,
y algún otro centro visitable,
así como una estación fantasmal.

Como en la calle,
Vemos la expresión artística
de carácter libre.

¿Imaginó Julio Verne
el universo éste
donde hay restos prehistóricos
en el Carabanchel este,
restos de farmacia y otros usos
en Gran Vía y la parte más al occidente,
la antigua iglesia del Buen Suceso?

Los Hermanos Hospitalarios de San Juan de Dios en Madrid

Juan... de Dios,
niño vagabundo,
trotamundos,
con amplia visión del mundo,
Granada fue tu Gólgota,
donde comenzaste tu obra,
un hospital en sala abierta.

Tu compañero,
Antón Martín te acompañó
y fundó
el Hospital de Ntra. Sra. Del Amor de Dios, cerca del
centro,
y ahí murió,
en 1553.
Benito Menni formó a las Hermanas,
a Ciempozuelos vivieron las primeras,
una de ellas
murió a causa de las locuras
de una de las enfermas.

En Carabanchel tus Hermanos
atendieron a los enfermos,
por odio, todos muertos.

Las dos ramas se difundieron,
muchos colaboraron
con esta Orden y se dedicaron
en atención a la salud mental.

Comercio alternativo

Vivimos la globalización,
y grandes mercados traen los productos al mercado
desde el amplio mundo.
¿Todo igual?
¡Qué poco original!

Espera... que hay comercios alternativos,
donde puedes comprar:
de Nepal, mochilas, y vestidos,
de la India, pañuelos, sedas, ropas, joyas, inciensos,
cuadernos artesanales, perfumes,
libros, que recogen textos de culturas
procedentes del país que fabrica electrodomésticos.

Herbolarios, donde puedes comprar infusiones,
pomadas,
para diferentes tratamientos.

¿Y esto qué es, la ruta de la seda de Marco Polo?
Sí, es uno de los centros,
como Santa Cruz,
o los Hippies de Goya,
o el Rastro de Madrid,
con su mercado alternativo.

Los olivos de Madrid

Quizás sea por el clima
por el recuerdo de la Guerra,
en Madrid hay gran presencia
de olivares y de olivos:

Algún antiguo olivar,
reconvertido en sitio cultural,
como el Olivar de Chamartín,
cuyos olivos poseen gran valor histórico.

Perdura también el recuerdo de algún antiguo arroyo
y su olivar,
como vemos en Puente de Vallecas:
"Calle Arroyo del Olivar."

Están presentes como símbolo de Paz,
En *El Bosque del Recuerdo*,
así como en instituciones, como
El Consejo Oleícola Internacional,
de Chamartín.

De algún antiguo cementerio surgió un olivo,
lo vemos en el antiguo Cementerio de los Cómicos,
(quizás era un sitio pacífico)
del Barrio de las Letras,
cercano al Cristo del Olivo.

Chueca es un barrio tranquilo y pacífico,
a juzgar por su olivo.

Tiene gran simbolismo,
De ahí que sea fácil encontrarlo próximo
A un templo,
como en el Jardín de San Fernando,
de Chamartín.
Olivares hay en parques:
En Barajas, en el Parque Juan Carlos I.

En Canillejas, en el Parque de Torre Arias,
cerca de los almendros,
y en la Casa de Campo, con vistas a Madrid.

Los encontramos en escultura,
en el Barrio de Salamanca,
Haciendo alusión a la importancia de la agricultura.

El mudéjar madrileño

M... orisco, adrileño: por pueblos del sur, el Centro, Canillejas, Getafe, Carabanchel...

U...sos del agua, en instalaciones del agua y el Neomudéjar de la ciudad.

D...ifundido por Madrid, Toledo, Castilla León, con los mejores ejemplos.

E...mplea ladrillos de arcilla, arcos de medio punto, torres altas y arcos de herradura.

J...unto al uso en iglesias, lo vemos en instalaciones de agua y plazas de toros.

A...rabesco, una aportación a nuestra Historia, es muy raro fuera de España.

R...ealmente no lo conoces?

La Tolerancia

Cuando vivimos en sociedades pequeñas,
no vienen ideas nuevas,
con lo cual hay menos peleas.

Pero Madrid es una ciudad grande,
desde que en ella se asentó la Corte,
Y también tenía imprentas,
lo que facilita el pensamiento libre.
Pero esto no levantaba simpatías:
La Inquisición en la Edad Moderna,
Algo común a muchas otras monarquías.

Con el final del Antiguo Régimen,
Y la consolidación de las libertades públicas,
comenzaron muchas ilusiones,
y luchas para que las cosas mejoren.

Pero Madrid es una ciudad con muchas opiniones,
muchas de ellas muy diversas,
y no tardaron en darse de tortas
con diferentes razones.

Los odios fueron iguales,
Entre unos y otros,
Y como pasa en estos tiempos,
Hubo héroes en ambos bandos,
Y quienes,
Se vieron, a este conflicto, arrastrados.

Hoy perduran las diferencias:
económicas,
culturales,
religiosas,
étnicas,
sexuales,
por discapacidades.

Pero éstas nos deben animar a mejorar,
viendo que el mundo es diverso,
porque no todos piensan del mismo modo,
y nos pueden dar lo que no hemos podido alcanzar.
Madrid ya no es un pequeño pueblo,
sino que no para de aumentar,
y se deben aceptar otras maneras de pensar,
Si no se sirven, las dejo.

Índice

Otras vistas de Madrid